ARMAND LEFEBVRE

NOUVELLE NOTE

SUR

BUREAU DE LA RIVIÈRE

ET SA FAMILLE

PARIS
IMPRIMERIE PAUL DUPONT
4, RUE DU BOULOI, 4

1895

NOUVELLE NOTE

SUR

BUREAU DE LA RIVIÈRE ET SA FAMILLE

ARMAND LEFEBVRE

NOUVELLE NOTE

SUR

BUREAU DE LA RIVIÈRE

ET SA FAMILLE

PARIS
IMPRIMERIE PAUL DUPONT
4, RUE DU BOULOI, 4

1895

ARMAND LEFEBVRE

NOUVELLE NOTE
sur
BUREAU DE LA RIVIÈRE
ET SA FAMILLE

Depuis notre étude spéciale parue en juin 1894, il a été porté à notre connaissance de nouveaux documents qui nous permettent de compléter et préciser certains détails, de rectifier des faits et des dates ; nous faisons de ces documents l'objet de la note additionnelle qui suit (1) :

I

Ainsi que nous l'avons établi, le château d'Auneau était un propre de Marguerite qui le tenait en héritage de son père Guy, 6ᵉ du nom, le dernier des Guy d'Aunel, de la maison de Dreux.

Le mariage de Bureau avec Marguerite fut précédé par des accords de fiançailles en date du 8 mars 1360.

L'acte qui les constate, passé devant notaires au Châtelet de Paris (2), fut arrêté entre :

« Noble homme Adam de la Haye, chevalier, père de Noble
« dame Jeanne de la Haye, dame d'Aunel et Noble homme,
« Mgr Pierre d'Onainville, chevalier, seigneur de Jambeville,
« mari de ladite dame d'Aunel, d'une part ; et Noble homme,
« Mgr Jehan de la Rivière, chevalier, et Mgr Robert d'Angeran,

---

(1) Ces documents existent dans les archives du château de Saint-Fargeau (Yonne) appartenant à M. le marquis de Boisgelin, celui-ci a eu la bienveillance de nous les communiquer, et nous lui en exprimons ici notre reconnaissance.

(2) Jehan Truze et Jehan Fourquault.

« chevalier, maistre d'hôtel de Mgr le duc de Normandie et
« Dauphin de Viennoye, d'autre part. »

On lit notamment dans cet acte :

« Pour ce que icelle demoiselle est trop jeune d'estre en état
« de mariage, les espousailles se retarderont à faire, jusqu'à ce
« que le mariage se puisse consommer, en la manière qu'il ap-
« partient.

« Pour ce que lesdits Pierre d'Onainville et la dame sa femme
« ont fait plusieurs et grands frais, mises et despens pour ladite
« demoiselle, ils auront, prendront et aliéneront à leur profit
« toute la dépouille de la terre de ladite demoiselle jusques à
« Noël prouchainement venant et lendemain. »

Marguerite étant née du mariage de Guy VI avec Marguerite de Pontchevron, dame de Rochefort, était, au moment de ces accords, orpheline, en la garde de sa belle-mère, qui s'était remariée avec le seigneur de Jambeville (Janville). C'était encore une jeune fille. Les dépenses réclamées de son chef, qui probablement se rattachaient à son éducation, laissent supposer qu'elle pouvait être âgée d'environ 14 ans, ce qui reporterait sa naissance vers 1346.

La présence d'un membre de la famille d'Angeran, assistant Bureau, est la confirmation de la généalogie du Père Anselme, qui fait naître les trois enfants de La Rivière, Jean, Bureau et leur sœur Jehanne, abbesse de Jouarre, de Jean de la Rivière, de la maison de Champarlement, décédé en 1316, et de Isabeau d'Angeran, sœur de Mgr d'Angeran qui fût Evesque de Chartres et de Beauvais.

La seule qualité de Chevalier, prise en l'acte par Jean de la Rivière, indique qu'il n'était pas encore Chambellan.

Quatre ans après (1364) le duc de Normandie, Régent du Royaume, est devenu Roi de France, sous le nom de Charles V, par la mort de son père arrivée en Angleterre le 8 avril. Non seulement Jean de la Rivière occupe près de lui la fonction de Chambellan, mais il est en plein crédit, car, avec le duc de Bourgogne, Philippe, le plus jeune des frères du Roi et Bertrand Duguesclin, il fait campagne en Normandie contre Charles de

Navarre, allié aux Anglais, et commande un des trois corps d'armée organisés pour cette campagne.

« Le seigneur de la Rivière, dit Froissard, avait dans sa route
« près de 11,000 combattans, dont il était souverain. Il était si
« bien doux au Roi qu'il volait (voulait), si li fesait, en ses finan-
« ces et ses debsous à sa volonté. »

Jean met le siège devant Attigny et Evreux et obtient la reddition à discrétion de ces places. Il fait don du chastel d'Attigny à un de ses écuyers.

Dans notre précédente étude, en rappelant que Charles V ne prenait point personnellement part aux exploits militaires à raison de son état maladif de santé, nous ajoutions qu'il en était ainsi de ses Chambellans forcément retenus près de lui. Le fait militaire que nous rappelons montre qu'il y avait des exceptions, et la vie de Bureau nous en fournit d'autres exemples, mais ce ne sont point ses exploits militaires qui le caractérisent le plus.

Si Charles V, pour raison de santé, a fait montre d'inactivité corporelle, il l'a compensée par une grande activité d'esprit. Il vécut entouré d'un Conseil composé d'hommes éminents par leur capacité, comme Bureau de la Rivière, le Chancelier Guillaume de Dormans, cardinal et évêque de Beauvois, Jean de la Grange, le trésorier Savoisi et autres.

Son règne, dit de Barante (1), fut un temps de réparation ; on s'étonne au milieu d'une époque si orageuse, parmi tant d'éléments de troubles, qu'il ait pu y avoir un gouvernement occupé avec constance du bien commun, de la paix publique, de l'établissement de l'ordre.

Le principal honneur de Bureau est d'avoir été au premier rang des Conseillers d'un tel Gouvernement ; d'être resté le confident, l'ami fidèle et préféré du Roi sage que fut Charles V.

Bureau a dû entrer dans ses conseils en la même année 1364 ; peut-être a-t-il simplement succédé comme Chambellan à son frère parti pour la Croisade.

En 1366, il a déjà rendu de tels services que, pour le récompenser, Charles V lui fait don (13 juin) d'une importante

(1) *Histoire des Ducs de Bourgogne.*

seigneurie en Bourgogne, des Terre et Chastel de Césy près Joigny.

Il semble qu'à cette époque, Bureau ait eu la pensée de créer un établissement seigneurial dans le Duché, car, l'année suivante, il acquiert dans la même région la Terre de Charny (1). En cela d'ailleurs, il ne faisait que se rattacher à son pays d'origine, le Nivernais, qui était au xiv° siècle une possession annexe et dépendante du grand Duché ; les Ducs de Bourgogne étant en même temps Comtes de Nivernais.

Pendant tout le règne de Charles V, les rapports de Bureau avec Philippe le Hardi, qui plus tard sera son ennemi déclaré et son persécuteur, ne nous apparaissent que comme étant ceux d'une mutuelle confiance, à ce point, qu'en 1372, Philippe accorde au sire de La Rivière une pension de 800 francs à titre de fief (2).

En 1378, la campagne de Normandie contre Charles le Mauvais s'étant renouvelée dans des circonstances presque identiques à celles de 1364, Philippe, Bertrand du Guesclin et Bureau commandèrent chacun un corps d'armée.

Bureau de la Rivière a vécu ses dernières années au château d'Auneau, et il y est mort le 19 août 1400. Tous ses biens, un moment confisqués lors de son emprisonnement, lui avaient été restitués et il s'était préoccupé, pendant l'année qui a précédé sa mort, d'en régler le partage entre ses enfants.

Le 12 août 1397, conjointement avec Marguerite, il effectuait le dépôt, devant notaires au Châtelet de Paris (3), de Lettres testamentaires ou ordonnances de dernière volonté, avec un codicille qui avait plus spécialement trait au partage des immeubles.

« Considérant (est-il dit dans ce codicille) que de nous deux

---

(1) 1367, 10 mars, acte devant Nicaise Le Musnier et Estienne Boyleau, notaires au Châtelet, contenant acquisition de Charny, par Bureau, de Pierre de Beaumont en échange d'une maison dite Le fort d'Angerville et de la Châtellenie des Grès en Gâtinais. Charny consistait en place et chastel avec fossés, murailles, etc... Charny a appartenu plus tard à Jacques Cœur.

(2) De Barante, *Histoire des Ducs de Bourgogne*, tome 1, page 60.

(3) Mes Nicaise Le Musnier et Estienne Boyleau.

« sont quatre enfants, c'est à savoir : Charles, Jacques, Jehanne
« et Burelle de la Rivière, nos fils et filles (1) auxquels nous voulons
« pourveoir des biens et choses temporelles, qui par le décès de
« nous deux sont possibles, par le playsir de Dieu, venir et échoir
« à nosdits enfants et, afin que ung chacun d'eux ait juste et
« égale portion d'iceux nos biens, selon leurs dégrés et estats.

« Ajoutant aux lettres testamentaires par nous faictes, par
« forme et manière de codicille, confessons avoir parti et divisé
« nos biens, meubles, héritages et possessions, immeubles,
« partages et divisions à nosdits quatre enfants, par la forme et
« manière qui en suit, c'est à savoir :

A *Charles*, tant pour son droit d'ainsnesse, comme pour son partage :

Le Chastel de Croissy, avec 2,000 livres de terre alentour, assises au plus près d'iceluy, en ce compris le *poids de Paris*, selon son assiette ;

Les Châteaux et Terres de Soupy, — Aillebaudière, acquis moyennant 21,000 livres, mis en dépôt lors du traité concernant le mariage de Charles ;

Et en outre, les Château et Terres de la Rivière, Massy, Cournau le Dombernart, les Granges-Bernière, Burcy et de Druy.

A *Jacques*, les Chasteaux d'Aunel, de Rochefort, la Terre du Perche, de Césy, Charny, Saint-Morice en Tirouaille, Vermenton, Grancy, Vincelles et les Terres de Champaigne et de Puysaye.

A *Jehanne*, femme du sire de Dampierre, la Chastellenie d'Yerre, indépendamment de celle de Beauval en Picardie, qui lui avait été assurée lors de son mariage.

(1) C'est à tort que, dans notre étude supplémentaire, nous avons attribué aux quatre enfants un autre rang de naissance, Charles était l'aîné et tenait son nom du roi Charles V qui l'avait assisté sur les fonts de baptême. Burelle (*alias* Perrette) était la dernière. De même que Charles, Jacques en 1397 était marié et avait une fille issue de son mariage (voir le testament de Marguerite, paragraphe 3).

Bureau et Marguerite ont eu deux autres enfants morts en bas âge inhumés à Saint-Maur-des-Fossés (voir testament de Marguerite, paragraphe 3).

A *Burelle*, la Chastellenie de Gournay-sur-Marne, l'hostel et Terre de Combeault, la Borde, Grapin, le Perreux et l'étang neuf de Croissy et toutes autres possessions en pays de Brie, aux environs de Gournay et de Croissy à l'exception des 2,000 livres de revenu en terre « baillés à Charles ».

Par la formation de ces lots, on peut juger de l'importance des biens composant l'héritage. Bureau, au service de deux Rois, en qualité de Chambellan, n'avait pas seulement recueilli des honneurs et des dons royaux, il avait su se constituer un patrimoine foncier considérable réparti dans plusieurs régions en Bourgogne, Champagne, Puisaye, Brie et Picardie. Dans la contrée chartraine, nous ne relevons que les deux Châtellenies propres à Marguerite (Auneau et Rochefort) et une terre dans le Perche, qui, selon toute apparence, provenait de Jean, seigneur de Préaux ; Bureau, de ce côté, n'avait rien ajouté, comme acquisition territoriale ; il s'était borné à transformer en château fort l'ancien Castel des ancêtres de Marguerite. — Peut-être avait-il jugé que cette région, par sa proximité avec la Normandie, était plus particulièrement exposée aux invasions des ennemis du Royaume.

II

Jacques, second fils, mort en 1413, dans les circonstances tragiques exposées en notre étude précédente, devait être âgé de 34 ans environ à l'époque de son décès. Il avait été marié et avait eu au moins un enfant de son mariage, comme va nous l'apprendre le testament de Marguerite ; sa postérité est éteinte en 1429, année de la mort de son frère aîné Charles.

Les biens qu'il avait reçus en héritage de son père, en dehors de ceux propres à sa mère, se retrouvent en partie dans la succession de Charles.

III

Marguerite, après la mort de Bureau, a continué de vivre dans la retraite au château d'Auneau. Nous l'avons suivie jusqu'en l'année 1417, alors qu'elle reçoit les envoyés du Duc de Bourgogne et qu'elle fait un pacte de neutralité pour éviter l'occupation du château par l'envahisseur.

Bien longtemps avant sa mort, en même temps que conjointement avec son mari, ils se préoccupaient tous deux de régler le partage anticipé de leurs immeubles entre leurs quatre enfants, elle avait fait des dispositions personnelles (1).

Ces dispositions, nous les reproduisons en partie; elles marquent certains traits de mœurs de la fin du xiv⁰ siècle et nous font connaître les pensées intimes d'une dame noble qui a occupé une des situations les plus élevées à la Cour du Roi Charles V et y a brillé, d'après des témoignages contemporains, par sa grâce et ses qualités de cœur et d'esprit (2).

« Je supplie à mon très cher et très redouté seigneur et espoux
« tout humblement, tout dévotement et tout de cœur, comme je
« puis plus et pour lequel et à la révérence de lui, j'ai eu en ce
« monde tant de biens et d'honneurs, et lequel m'a nourrie et
« tenue en sa compagnie, très honorablement et dévotement,
« comme espouze puisse estre en compagnie de son seigneur et
« espoux ; que de sa bonté, grâce et humilité lui plaise les choses
« cy-dessous escriptes ; ratifier et avoir agréables en la manière
« qu'elles sont contenues et déclairées cy après et en signe de
« confirmation lui plaise faire mettre son scel en ceste présente
« ordonnance, testament et dernière volonté.

« Je vueil et ordonne, s'il plaît à mon dit très redouté seigneur,
« que toutes mes dettes soient à plain et premièrement paiées
« et mes tor faiz entièrement redressez et amendez et pour que
« ceste chose puisse estre mieulx et plus seurement faicte et
« que elle vienne à plus grande clareté, comme je le désire, je
« supplie et requière à mondit seigneur qu'il lui playse de sa très
« grande grâce à commettre et envoyer aucunes bonnes per-
« sonnes qui aillent tantost après mon décès, par tous les lieux
« principaux ou j'ay eue et faicte demourance et facent crier et
« publier par tous les lieux dessus dicts que s'il y a aucun per-

(1) Acte testamentaire ou ordonnance de dernière volonté déposé à Mᵉˢ Nicolas Lemire et Jehan Carouel, notaires au Châtelet de Paris (1397).

(2) Christine de Pisan.

« sonne à qui je soie tenue par quelconque cause que ce soit et
« dont satisfaction serait encores à faicre, qu'ils se tracent par
« devers iceulx commis, lesquelz se conforment par les moings
« ou autrement deuement et selon ce que la dicte information,
« ils auront trouvé, je supplie à mon dit seigneur qu'il fasse faire
« satisfaction auxdicttes bonnes gens, selon ce qu'il verra en sa
« conscience et faict de raison. »

La testatrice fait ensuite de nombreuses dispositions, elle demande notamment que son corps soit inhumé en son seigneur « se ordonnera à gésir » et au cas où son désir d'être inhumée près de lui ne pourrait être réalisé « Je veux et ordonne mon « corps être enseveli et être enterré en l'Eglise de Saint Mor des « Fossés, emprès mes enfants », qu'une tombe soit mise sur sa sépulture et que deux autres tombes semblables soient mises sur ses enfants « qui gisent en l'Eglise Saint Mor des Fossez ». (1)

Qu'une chapelle « soit fondée » de 30 livres tournois « au lieu d'Aunel, en l'Eglise du Prieuré ».

100 livres doivent être distribuées pour dire 1,000 messes, tant en la ville de Paris que ailleurs, considérant le grand nombre de prestres religieux, mendiants et autres qui y sont.

Elle fait 2 fondations de 5 lits montés, chacune aux Quinze-Vingts et à l'Hôtel-Dieu de Paris.

Elle fait don de 100 francs aux « pôvres pucelles d'Aunel et d'environ, si tant n'en y a pour elles aider à se marier ».

Elle donne à sa très chère et amée Dame et Sœur, Madame l'abbesse de Jouarre, une patenostre de gest, à signet d'or, que sa très redoutée et très amée Dame, Madame la Reyne Jehanne, lui donna et bailla de ses mains.

Et elle distribue entre ses enfants « la femme Charles », la femme Jacques » et sa petite fille, ainsi qu'à sa fille Madame de Dampierre, les objets précieux, joyaux d'or et de pierreries et de perles, « ses robes de drap d'or, de soie et de laine ; ses chaperons et manches, de perles ; ses chars et litière ».

Entre l'époque de la confection de ce testament et la mort de

(1) Il résulte de cette disposition que deux autres enfants étaient nés de son mariage avec Bureau et étaient décédés en bas âge.

Marguerite, une vingtaine d'années au moins se sont écoulées (nous ignorons la date précise de sa mort), années de malheur pour le Royaume, s'il en fût. Paris et le Nord de la France étaient devenus au pouvoir des Anglais, alliés aux Bourguignons; le vœu de la testatrice de reposer (gésir) auprès de son mari, sinon « emprès ses enfants à Saint Mor des Fossés » était irréalisable; avait-elle modifié ses anciennes dispositions, c'est probable. Elle fut inhumée en l'église du prieuré d'Auneau, dans une chapelle qu'elle y avait fondée (1).

Jusqu'en 1429, année où la royauté française va se reprendre sous l'inspiration de Jeanne d'Arc, toute la région d'entre Seine et Loire avait été de plus en plus envahie. Dans la contrée avoisinant Auneau beaucoup de châteaux et de places avaient plus ou moins résisté, Nogent-le-Roi, Rambouillet, Bethancourt, Rochefort, Gallardon, Houville, Honville. Dans la Beauce : Le Puiset, Janville, Geriville, Thoury, Arthenay. Le château d'Auneau, pendant les dernières années qu'a vécu Marguerite, aura été maintenu dans les conditions de neutralité déterminées par le pacte de 1417,

En 1425, il est fait mention dans les comptes de l'Hôtel-Dieu de Chartres publiés par M. Merlet d'un siège que le château eut à subir ; nous supposons qu'il n'y eut rien de mémorable, la tradition n'en ayant pas perpétué le souvenir.

IV

Charles de la Rivière, marié d'abord à Blanche de Dampmartin, puis à Jeanne d'Amboise, ne laissait lors de son décès à Is-

(1) Testament de Charles, § IV.

(1) C'est en 1421, que Henri V d'Angleterre, accompagné du duc de Glocester, son frère et suivi de son prisonnier Jacques Ier, roi d'Ecosse, parut dans le pays chartrain pour le réduire dans son obéissance. Cette campagne débuta par la capitulation de Dreux (août). Chartres, soumis depuis 1417 à l'obéissance du duc de Bourgogne, ouvrit ses portes au vainqueur, qui y fit ses dévotions. Chartres fut seulement repris en 1432, par Dunois et Florent d'Illiers. Jean de Fétigny, son évêque, paya de sa vie son attachement à la cause anglaise. (*Campagnes des Anglais* (1421-1428), par Amicie de Villaret, Orléans 1893.)

soudun (1429) aucune postérité de ces deux mariages. Trois des documents que nous analysons, se rapportent à lui plus particulièrement, ce sont:

1° Une déclaration d'émancipation que fait son père, le 19 mars 1386, « pour pourvoir à son bien et à son avancement ». Il n'était alors âgé que de 10 ans.

2° Le contrat de son mariage avec Blanche de Dampmartin, passé au château de ce nom, le 19 mai 1387.

3° Des conventions privées portant la date du 14 décembre même année, préparatoires audit mariage.

4° Enfin, ses dispositions testamentaires en date, à Issoudun, du 16 juin 1429 (1).

Nous nous attacherons particulièrement à ces dispositions :

« Charles ordonne d'abord que sa sépulture demeure en l'Eglise
« de l'abbaye de Cappau en Pays Douvoyr au milieu de ladite
« abbaye (2). Puis il fait des fondations de messes :
« En cette abbaye, pour le salut des âmes de feu Monseigneur
« son père et Madame sa mère et de ses prédécesseurs, exprimant
« le vœu qu'après lui, sa femme Isabelle de La Trémoille y ait
« également sa sépulture.
« En faveur de la Chapelle fondée dans le Monastère de Saint-
« Denis, par le Roi Charles V, pour le salut des âmes dudit Roy
« Charles, de Messire Bureau de la Rivière, qui y est et repose
« en ladicte Chapelle, de Madame sa mère, en la Chapelle qu'a
« fait faire Madame sa mère, en l'Eglise de Saint-Nicolay, au lieu
« d'Aunel et là ou elle y est. »

---

(1) 16 juin 1429. Apposition du Scel sur ce testament, par Pierre Du Bois, garde de la prévosté d'Issoudun, avec reproduction du testament passé devant Pierre Dorsaint et Guillaume Graffin, jurés aux terres dudit Scel, en présence de témoins.

(2) Nous avons vainement cherché dans les dictionnaires de géographie le *Pays Douvoyr* et l'abbaye de Cappau ; il a existé dans le Nivernais le *Pays d'Ourrouer*, peut-être y a-t-il eu erreur de copiste dans le document qui a passé sous nos yeux.

Il exprime le désir :

« Que cette Chapelle d'Aunel soit et demeure en la donation du
« seigneur dudit lieu.

« Que Messire Jacques de la Rivière, son frère, dont la sépul-
« ture existe aux Cordeliers de Paris y soit amené gésir ; qu'il y
« soit en sa robe, au milieu de ladite Chapelle. »

Il prescrit un prélèvement de 6,000 fr. sur ses biens pour la dépense de ces diverses tombes ; de sa mère, de son frère et de sa femme.

Il fait encore des fondations de messes à Aunel, à Saint-Denis et à Notre-Dame de Chartres, et des dons aux pauvres d'Aunel, de Rochefort, de Croissy et de Champigny-en-Brie.

Parlant de ses châteaux, il en énumère 7 lui appartenant : Aunel, Croissy, Charny, Césy, Druy, Saint-Morice en Tirouaille et Aillebaudière.

Il laisse à sa femme Isabelle de La Trémoille deux de ses châteaux à son choix et au seigneur de Dampierre, son neveu, particulièrement le château de Aillebaudière en Champagne.

Charles laissait pour héritiers sa sœur Burelle (Perrette) et le fils de son autre sœur décédée, Jacques de Chastillon, sire de Dampierre. Constamment attaché au parti du Dauphin, il avait été, en défendant ses terres et châteaux, plusieurs fois prisonnier des Anglais et « mis à grosses finances et rançons ». Il était impossible, au moment de son décès, de se rendre compte des forces et charges de sa succession, non plus que de l'état des domaines qui tous étaient situés en pays envahis.

Ses deux héritiers furent autorisés à n'accepter cette succession que sous bénéfice d'inventaire, en vertu de « Lettres patentes de 1432 ». Lettres suivies plus tard d'autres accordant une prorogation.

La liquidation dut se faire longtemps attendre et ne s'opérer qu'au fur et à mesure de la reprise des domaines, par la délivrance des provinces occupées par l'ennemi. D'après acte authentique faisant partie des documents qui nous renseignent, l'inventaire de la Terre de Charny fut dressé seulement en 1443.

La haute situation de Perrette comme première dame d'honneur de la Reine Marie d'Anjou a dû cependant contribuer pour beaucoup à faciliter cette liquidation.

C'est sans doute par le partage fait à la suite entre les deux ayants droit (1444-1445), que Perrette fut déclarée attributaire des biens et châteaux qu'elle transmettra plus tard à sa fille Marie de La Rocheguyon, notamment des châteaux d'Auneau et de Charny et de la Terre de Césy, où elle a voulu que sa tombe fût élevée (1).

L'hommage rendu au Roi par Perrette pour Auneau et Charny est en date à Montils-les-Tours du dernier février 1446 (2).

---

(1) La terre de Césy a été revendue par Marie de La Rocheguyon en 1474 aux Cousinot, qui la possédèrent jusqu'en 1564. Passée ensuite aux mains des Harlay, cette terre appartient présentement à M. le Prince de Beauffremont.

(2) Les deux châtellenies relevaient du Roi : Auneau, à cause de son comté de Chartres ; Charny, à cause de son château de Montargis. (Not. hist., page 179.)

Paris. — Imp. PAUL DUPONT, 4, rue du Bouloi.

www.ingramcontent.com/pod-product-compliance
Lightning Source LLC
Chambersburg PA
CBHW061613040426
42450CB00010B/2467